예쁜 한글 쓰기본

필문당

머리말

글씨는 그 사람의 품성이 드러나는 유일한 출구입니다. 다른 사람의 눈에 보여지는 자신의 인격과도 같은 것입니다. 그래서 글씨를 잘 쓸 수 있다는 것은 사회에서 자신도 모르는 사이에 인격이 업그레이드 되는 것이기도 합니다. 글씨를 잘 써도 그만, 못써도 그만이라는 생각을 가지고 있는 사람이 의외로 우리 주변에는 많습니다. 글씨는 품성의 일면으로써 우리가 의식 못하면서 마시는 산소와도 같은 것입니다. 그리고 글씨로써 연마된 심연은 항상 고요하면서 과단성이 있고, 항상 치밀하면서 온유한 인성이 스스로 길러집니다. 나라에 충성하고 부모님에게 효도하고 주변의 어려운 이들을 긍휼히 여기고 정작 자신에게는 스스로 가혹한 매질로써 자성하며 큰 사람으로 발돋움 하려는 그러한 심지나 의지를 기르는 길이 글씨를 바르게 쓰려고 노력하는 가운데 단련되는 것입니다. 그래서 글씨를 잘 쓸 수 있다는 것은 시간 낭비가 아니라 불건전한 정신을 건전하게 바로잡을 수 있는 길이고 오늘 할 일을 내일로 미루지 않는 의지가 함양되고, 상하를 잘 가려 귀감이 되고 아랫 사람에게는 존경의 대상이 되며 윗사람에게는 촉망받는 사람이되어 큰일을 위임받아 신용과 칭찬을 받을 수 있는 사람이 될 수 있습니다. 앞으로 학교 교육도 인성교육이 강화되어야 한다는 불가피론으로 복고풍이 불 것이며 기업에서의 인재 등용에 있어서도 다시 이력서와 자기소개서는 물론 기타 서류 기재란까지 자필로 요구하게 되고 그것으로 그 사람의 심성과 의욕과 창의를 평가하게 될 것입니다. 지식의 바다를 점령하는 것보다 인성과 자신을 절제할 수 있는 사람이 보다 큰 사람일 것입니다. 그래서 글씨를 잘 쓰려는 노력을 게을리 해서는 않됩니다. 글을 바르게 쓰려는 노력은 굽은 나무를 곧게 키워 가는 첩경이기 때문입니다.

편자 드림

 차 례

서 문   3~5
- 머 리 말   3
- 차 례   4
- 일 러 두 기   5

정자체편   6~74
- 정자체 자음쓰기 기본   6
- 정자체 모음쓰기 기본   14
- 정자체 쓰기연습   17
- 정자체 가로쓰기   31
- 정자체 세로쓰기   61

흘림체편   75~123
- 흘림체 자음쓰기 기본   75
- 흘림체 모음쓰기 기본   83
- 흘림체 쓰기연습   86
- 흘림체 가로쓰기   100
- 흘림체 세로쓰기   114

부록편   124~128
- 사무 관리직 분야 자격검정안내   124
- 자기 소개서 쓰기   126
- 이력서 쓰기   128
- 국가 기술 자격검정 응시 절차 안내   <표2>
- 국가 공인 민간자격 34종 <표3>

일러두기

1. 올바른 자세

글씨를 예쁘게 쓰고자 하는 마음과 함께 몸가짐을 바르게 해야 아름다운 글씨를 쓸 수 있다. 편안하고 부드러운 자세를 갖고 써야 한다.

① **앉은자세** : 방바닥에 앉은 자세로 쓸 때에는 양 엄지 발가락과 발바닥의 윗 부분을 얕게 포개어 앉고, 배가 책상에 닿지 않도록 한다. 그리고 상체는 앞으로 약간 숙여 눈이 지면에서 30㎝ 정도 떨어지게 하고, 왼손으로는 종이를 가볍게 누른다.

② **걸터앉은 자세** : 걸상에 앉아 쓸 경우에도 앉을 때 두 다리를 어깨 넓이만큼 뒤로 잡아 당겨 편안한 자세를 취한다.

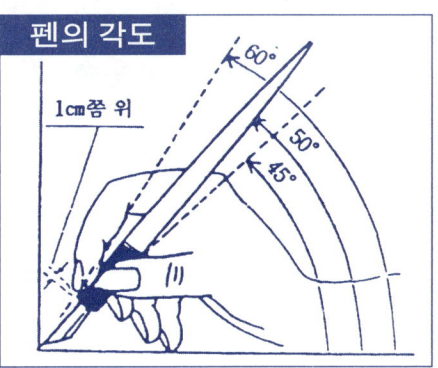

펜의 각도

2. 펜대를 잡는 요령

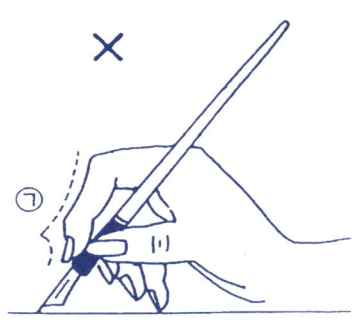

① 펜대는 펜대끝에서 1㎝가량 되게 잡는 것이 알맞다.
② 펜대는 46~60°만큼 몸쪽으로 기울어지게 잡는다.
③ 집게 손가락과 가운데 손가락, 엄지 손가락 끝으로 펜대를 가볍게 쥐고 양손가락의 손톱부리께로 펜대를 안에서 부터 받쳐잡고 새끼손가락을 바닥에 받쳐 준다.
④ 지면에 손목을 굳게 붙이면 손가락 끝 만으로 쓰게 되므로 손가락 끝이나 손목에 의지하지 말고 팔로 쓰는 듯한 느낌으로 쓴다.

3. 펜촉을 고르는 방법

① 스푼펜 : 사무용에 적합한 펜으로, 끝이 약간 굽은 것이 좋다. (가장 널리 쓰임)
② G 펜 : 펜촉끝이 뾰족하고 탄력성이 있어 숫자나 로마자를 쓰기에 알맞다. (연습용으로 많이 쓰임)
③ 스쿨펜 : G펜보다 작은데, 가는 글씨 쓰기에 알맞다.
④ 마루펜 : 제도용으로 쓰이며, 특히 선을 긋는데에 알맞다.

스푼펜

G펜

스쿨펜

마루펜

정자체 자음쓰기

Feel 한글 Work Book

중요짜임

| ㄱ | ㄱ | ㄱ | ㄴ | ㄴ | ㄴ |

㉠부분은 모가 나지 않게 / 약간 모를 죽인듯 하고 똑바로 내린다. / 둥근 기분으로 / 약간 우상으로 삐침 / 모나지 않게 / 처지지 않게

ㄱ ㄱ ㄱ ㄱ ㄱ ㄱ ㄴ ㄴ ㄴ ㄴ ㄴ ㄴ

가 가 교 교 구 구 나 나 노 노 건 건

정자체 자음쓰기

Feel 한글 Work Book

중요짜임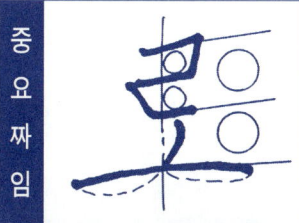

ㄷ	ㄷ	ㄷ	ㄹ	ㄹ	ㄹ
①보다 ②를 길게	상하의 가로 획이 일치하듯	위보다 길지 않게 약간 둥글게	칸을 고르게	칸을 고르게 하고 획의 길이가 같게	약간 둥근 듯.

ㄷ ㄷ ㄷ ㄷ ㄷ ㄷ ㄹ ㄹ ㄹ ㄹ ㄹ ㄹ

다 다 도 도 돈 돈 라 라 로 로 랄 랄

정자체 자음쓰기

Feel 한글 Work Book — 중요짜임

| ㅁ | ㅂ | ㅅ | ㅅ | ㅅ | ㅇ |

- ①을 모나지 않게 주의할것
- 필순에 주의할것
- 둥글게 좌향으로 삐친다 / 힘주어
- 우하향으로 굽어 맺음
- 옆으로 퍼지듯 넓게
- 한번에 둥글게, 또는 좌우향으로 두번

ㅁ ㅁ ㅂ ㅂ ㅅ ㅅ ㅅ ㅅ ㅅ ㅅ ㅇ ㅇ

맘 맘 법 법 사 사 성 성 소 소 양 양

정자체 자음쓰기

Feel 한글 Work Book

중요짜임

ㅈ	ㅈ	ㅈ	ㅊ	ㅊ	ㅊ
간격에 주의할 것	끝을 좌하향으로 숙여 맺음	옆으로 퍼진듯 넓게	힘을 주어 맺음	끝을 좌하향으로 숙여 맺음	옆으로 퍼진듯 넓게

ㅈ ㅈ ㅈ ㅈ ㅈ ㅈ ㅊ ㅊ ㅊ ㅊ ㅊ ㅊ

자 자 저 저 조 조 차 차 처 처 추 추

정자체 자음쓰기

Feel 한글 Work Book

중요짜임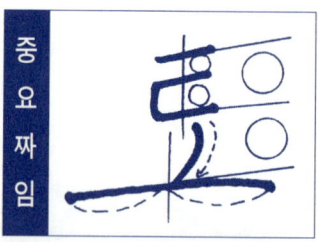

ㅋ	ㅋ	ㅋ	ㅌ	ㅌ	ㅌ
둥근 기분으로	가로획 끝을 모나지 않게 이어 바로 내림	둥근 듯한 느낌으로	가급적 평행이 되게 밑획은 길게	길이가 같게 하고 ①은 둥근 기분으로	조금 작은 듯 쓴다

카 카 코 코 쿠 쿠 타 타 토 토 칼 칼

정자체 자음쓰기

Feel 한글 Work Book

중요짜임

피	피	ㅎ	ㄲ	ㄲ	ㄲ
피	피	ㅎ	ㄲ	ㄲ	ㄲ
①의 획을 좌하에서 우상향으로 삐친다.	위의 가로획보다 밑의 획을 약간 길게	간격을 고르게	앞의 ㄱ이 뒤의 ㄱ보다 작은듯	앞획은 좌하로 삐치고 우획은 곧게	앞획은 곧게 뒤획은 둥글게

피	피	피	피	ㅎ	ㅎ	ㄲ	ㄲ	ㄲ	ㄲ	ㄲ	ㄲ
피	피	피	피	ㅎ	ㅎ	ㄲ	ㄲ	ㄲ	ㄲ	ㄲ	ㄲ
파	파	포	포	하	하	까	까	꼬	꼬	꾸	꾸
파	파	포	포	하	하	까	까	꼬	꼬	꾸	꾸

정자체 자음쓰기

Feel 한글 Work Book

중요짜임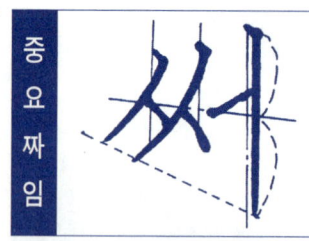

ㄸ	ㄸ	ㅃ	ㅆ	ㅆ	ㅆ
ㄸ	ㄸ	ㅃ	ㅆ	ㅆ (작게/세움)	ㅆ
좌하에서 우상으로 층을 이룬 듯.	같은 크기로 단정하게	세로획의 앞획을 늘려 가는 듯 차츰 길게.	앞ㅅ을 작게 뒤ㅅ에 업힌 듯.	세움	넓게 퍼지듯

따 따 또 또 뽀 뽀 싸 싸 써 써 쑤 쑤

정자체 자음쓰기

Feel 한글 Work Book

중요짜임

ㄱㅅ	ㄴㅎ	ㄹㄱ	ㄹㅁ	ㄹㅂ	ㅂㅅ
ㄱㅅ (힘)	ㄴㅎ (똑바로)	ㄹㄱ (똑바로)	ㄹㅁ	ㄹㅂ	ㅂㅅ
똑바로	우상향으로	우상향으로	우상향으로	중심선에 일치되게	끝에 힘을 주어 맺음.

ㄱㅅ	ㄱㅅ	ㄴㅎ	ㄴㅎ	ㄹㄱ	ㄹㄱ	ㄹㅁ	ㄹㅁ	ㄹㅂ	ㄹㅂ	ㅂㅅ	ㅂㅅ
ㄱㅅ	ㄱㅅ	ㄴㅎ	ㄴㅎ	ㄹㄱ	ㄹㄱ	ㄹㅁ	ㄹㅁ	ㄹㅂ	ㄹㅂ	ㅂㅅ	ㅂㅅ

샀	샀	앓	앓	읽	읽	옮	옮	밟	밟	없	없
샀	샀	앓	앓	읽	읽	옮	옮	밟	밟	없	없

14. 정자체 모음쓰기

정자체 모음쓰기

Feel 한글 Work Book

중요 짜임

| ㅏ | ㅑ | ㅓ | ㅕ | ㅗ | ㅛ |

똑바로 내려 그어 끝을 살며시 들어 뗌
①②는 퍼지 듯 하여 끝에 힘을 주어 맺음
①은 좌 에서 우상으로 중앙을 향하게
①②는 무엇을 상하에서 안은 듯.
①은 약간 중심의 오른쪽으로
좌획을 약간 짧은 듯.

ㅏ ㅏ ㅑ ㅑ ㅓ ㅓ ㅕ ㅕ ㅗ ㅗ ㅛ ㅛ

아 아 야 야 어 어 여 여 오 오 오 오

정자체 모음쓰기

Feel 한글 Work Book

중요짜임

ㅜ	ㅠ	ㅐ	ㅒ	ㅔ	ㅖ

① 은 약간 중심 오른쪽에서 | 중심에서 좌하향으로 돌려 빼친다. | 좌획이 짧게. | 중앙 가로 획은 중심 선을 안은 듯 | 중심에 주의할 것 | 중심에 주의할 것

ㅜ ㅜ ㅠ ㅠ ㅐ ㅐ ㅒ ㅒ ㅔ ㅔ ㅖ ㅖ

우 우 유 유 애 애 얘 얘 에 에 예 예

정자체 모음쓰기

Feel 한글 Work Book 중요짜임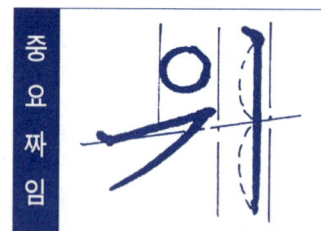

ㅘ	ㅙ	ㅖ	ㅟ	ㅢ	ㅣ

ㅘ	ㅙ	ㅖ	ㅟ	ㅢ	ㅣ
①②일치되게	간격에 주의할 것	간격에 주의할 것	①은 세로획 중심을 향한다	①의 가로획 은 세로획 중심을 향하듯	○을 힘을 주어 찍어 내리듯

ㅘ ㅘ ㅙ ㅙ ㅖ ㅖ ㅟ ㅟ ㅢ ㅢ ㅣ ㅣ

와 와 왜 왜 워 워 위 위 의 의 이 이

정자체 쓰기연습

Feel 한글 Work Book

중요짜임

가	갸	거	겨	고	과	교	구	규	기
가	갸	거	겨	고	과	교	구	규	기

강	갈	격	겹	공	관	굉	국	균	길
강	갈	격	겹	공	관	굉	국	균	길

정자체 쓰기연습

Feel 한글 Work Book

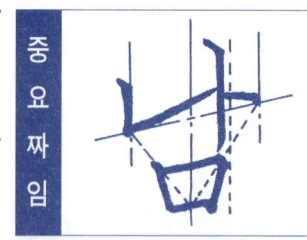

나	냐	너	녀	노	뇨	누	뉴	느	니
나	냐	너	녀	노	뇨	누	뉴	느	니

날	냥	넌	년	농	뇐	눈	늈	능	닐
날	냥	넌	년	농	뇐	눈	늈	능	닐

정자체 쓰기연습

Feel 한글 Work Book

중요짜임

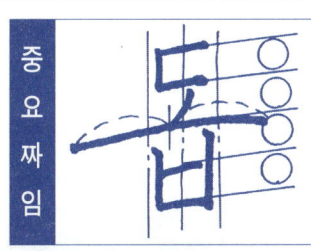

다	댜	더	뎌	도	됴	두	듀	드	디
다	댜	더	뎌	도	됴	두	듀	드	디

당	달	덩	덜	동	돕	둥	둘	득	딜
당	달	덩	덜	동	돕	둥	둘	득	딜

정자체 쓰기연습

Feel 한글 Work Book (중요짜임)

라	래	랴	러	려	례	로	료	루	류
라	래	랴	러	려	례	로	료	루	류

락	랬	량	렁	렸	랜	롭	롱	룰	륜
락	랬	량	렁	렸	랜	롭	롱	룰	륜

정자체 쓰기연습

Feel 한글 Work Book

중요짜임

마	매	머	메	며	모	묘	무	뮤	미
마	매	머	메	며	모	묘	무	뮤	미

말	맵	멍	맬	면	몹	못	뭉	뮨	민
말	맵	멍	맬	면	몹	못	뭉	뮨	민

정자체 쓰기연습

Feel 한글 Work Book

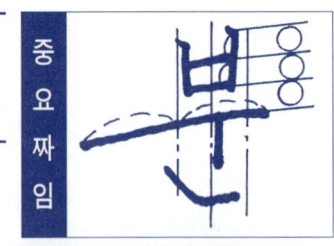

중요짜임

바	배	버	베	벼	보	부	뷰	브	비
바	배	버	베	벼	보	부	뷰	브	비

발	백	법	벨	별	봉	북	불	븐	빌
발	백	법	벨	별	봉	북	불	븐	빌

정자체 쓰기연습

Feel 한글 Work Book

중요짜임

사	새	서	세	셔	소	수	슈	스	시
사	새	서	세	셔	소	수	슈	스	시

상	생	성	셋	셨	송	순	술	승	실
상	생	성	셋	셨	송	순	술	승	실

정자체 쓰기연습

Feel 한글 Work Book

중요짜임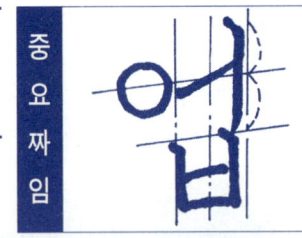

아	야	어	에	여	오	요	우	유	이
아	야	어	에	여	오	요	우	유	이

앉	않	얼	엘	였	옵	옥	운	웅	있
앉	않	얼	엘	였	옵	옥	운	웅	있

정자체 쓰기연습

Feel 한글 Work Book

중요짜임

자	재	저	제	져	조	죠	주	쥬	즈
자	재	저	제	져	조	죠	주	쥬	즈

작	쟁	정	젤	졌	종	좋	중	준	증
작	쟁	정	젤	졌	종	좋	중	준	증

Feel 한글 Work Book

정자체 쓰기연습 — 중요짜임

차	채	처	체	쳐	초	최	추	츠	치
차	채	처	체	쳐	초	최	추	츠	치

착	책	청	철	쳤	총	촉	충	층	칙
착	책	청	철	쳤	총	촉	충	층	칙

Feel 한글 Work Book

정자체 쓰기연습

중요짜임

카	캐	커	케	켜	코	쿠	큐	크	키
카	캐	커	케	켜	코	쿠	큐	크	키

캉	캔	컹	켁	켰	콩	쿵	쿨	큰	킹
캉	캔	컹	켁	켰	콩	쿵	쿨	큰	킹

정자체 쓰기연습

Feel 한글 Work Book

중요짜임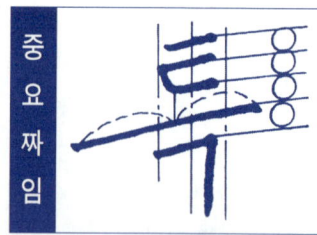

타	태	터	테	토	툐	투	튜	트	티
타	태	터	테	토	툐	투	튜	트	티

탑	택	털	텔	통	톱	퉁	툴	특	틴
탑	택	털	텔	통	톱	퉁	툴	특	틴

정자체 쓰기연습

Feel 한글 Work Book

중요짜임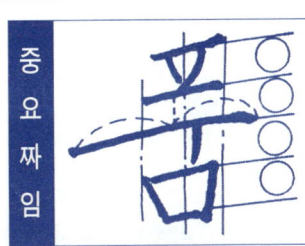

파	패	퍼	페	펴	포	푸	퓨	프	피
파	패	퍼	페	펴	포	푸	퓨	프	피

판	팽	퍽	펙	평	퐁	풀	품	픈	필
판	팽	퍽	펙	평	퐁	풀	품	픈	필

Feel 한글 Work Book

정자체 쓰기연습 — 중요짜임

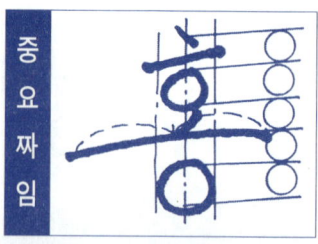

하	해	허	혀	호	효	후	휴	흐	히
하	해	허	혀	호	효	후	휴	흐	히

한	행	험	현	홍	확	훈	훙	흥	힘
한	행	험	현	홍	확	훈	훙	흥	힘

정자체 가로쓰기

글씨는 그 사람의 얼굴과 같아서 단정

하고 예쁜 글씨는 인품을 한층 돋보이게

하고 보는 이로 하여금 좋은 인상을 받게

한다. 비록 지금은 못쓰는 글씨일지라

정자체 가로쓰기

도 잘 쓰여진 글씨본을 따라 반복해서

쓰기를 연습한다면 머지않아서 나도 예

쁜 글씨를 쓸 수 있다는 자신감을 갖고

노력을 아끼지 말자.

정자체 가로쓰기

한·일 월드컵과 대한민국의 정신.

한·일 월드컵, 꿈은 이루어진다, 아! 대

한민국, 오! 필승 코리아, 태극전사와

붉은악마, 700만 거리 응원단, 이 모두

정자체 가로쓰기

가 언제 들어도 가슴 설레이게 하는 구

호들이다.

국제 축구연맹 피파의 결정에 따라서

2002 월드컵은 한국과 일본에서 공동으

정자체 가로쓰기

로 개최하게 되었다. 동양에서는 처음으

로 열리었던 월드컵이었지만 두 나라가

공동으로 개최하였던 것 또한 국제관례

상 처음 있는 일이었다.

정자체 가로쓰기

우리는 성공적 월드컵을 치루기 위해

경기장의 개, 신축은 물론이오 만반의 준

비에 온 국민 모두가 성과 열을 다하였

다. 한국 축구는 48년만에 월드컵 본선

정자체 가로쓰기

에서의 승리를 맛보았으며 그것도 2:0

의 압승으로 폴란드를 꺾고 본선 첫 승

리의 기쁨을 만끽하게 되었다. 이제는

16강에 드는것이 유일한 목표요, 우리

정자체 가로쓰기

국민 모두의 간절한 비원이였다. 운명의

6월 14일, 붉은 물결이 출렁이는 인천

경기장에서 포루투칼을 맞아 혼신을 다

한 멋진 경기를 펼쳤던 우리 선수들의

정자체 가로쓰기

모습에서 온 나라는 열광의 도가니가 되었고

그 경기에서 박지성의 멋진 골로 포루투

갈을 누르고 대망의 16강의 꿈을 이루

었다. (본선 예선 두 번째 경기인 미국

정자체 가로쓰기

과는 이 경기 앞서서 1 : 1 무승부였음.)

승리의 감격 속에 온 나라가 축제의

분위기로 들끓었고 곧 이어 자랑스런

우리 태극전사들은 8강전을 대비한 훈

정자체 가로쓰기

련에 들어갔다. "세계를 깜짝 놀라게 해

주겠다.,"는 히딩크 감독의 기자와의 인터

뷰를 듣고 우리는 기대와 긴장 속에 가

슴 조이며 다음 경기를 기다려야 했다.

정자체 가로쓰기

이윽고 6월 18일 대전 경기장에서 축

구 강국인 이탈리아를 맞아 대결전의

막이 오르고 대형 태극기의 물결과 붉

은 악마들의 함성이 경기장 안팎을 압

정자체 가로쓰기

도 했고 사기 충천한 태극전사들은 쉴

틈을 주지않고 상대를 몰아붙이다가 후

반 44분에 설 기현의 동점골과 연장

11분 안 정환의 황금같은 득점골로 이

정자체 가로쓰기

탈리아는 우리에게 통한의 무릎을 꿇고

말았다. 이 놀라운 사실 앞에 세계의 이

목은 한국에 집중되었고 거리마다 넘치

는 응원단의 물결, 집집마다 터져나오는

정자체 가로쓰기

환호의 아우성, 4천만 국민이 한 덩

어리로 굳게 뭉친 모습에 그들은 놀라

움과 찬사를 아끼지 않았다. 이제 자신

에 찬 우리 선수들은 4강을 향한 비장

정자체 가로쓰기

한 각오로 두려울 것이 없었다. 드디어

6월 22일 강호 스페인과 운명의 한판

승부가 광주에서 열리게 되었다. 처음부

터 손에 땀을 쥐게하는 팽팽한 접전은

정자체 가로쓰기

전후반 90분을 다 소비하고도 연장 30

분이 끝나도록 승부는 결정나지 않았고,

마침내 승부차기 끝에 5 : 3 으로 거함

스페인호는 여지없이 침몰하고 말았다.

정자체 가로쓰기

이 역사적인 4강의 신화는 거짓말처럼

창조되었고 우리 자신들조차 놀라버린

이 엄청난 결과 앞에 우리 모두는 그야

말로 한 덩어리가 되어 덩실덩실 춤을

정 자 체 가 로 쓰 기

추고 또 추었다.

거스 히딩크! 그는 분명 세계가 인정

하는 감독 중의 감독이요 명장 중의 명

장이었다. 축구의 불모지 한국을 세계 4

정자체 가로쓰기

강이라는 눈부신 금자탑을 쌓은 명장인

히딩크! 우리 한국 축구 대표팀 감독으

로 취임한 이래 잦은 패배로 말미암아

많은 수모도 겪었다. 그러나 그는 한치

정자체 가로쓰기

의 흔들림도 없이 자기 소신껏 인재 발

굴과 선수의 양성에 노력을 아끼지 않

앉고 언제나 상대 팀을 면밀히 연구 분

석하고 그에 맞추어 선수를 기용하는 탁

정자체 가로쓰기

월한 용병술과 전략들은 어김없이 적중

했다. 불끈 쥔 주먹이 하늘을 향하여 힘

차게 솟구치는 멋진 그의 골세레머니와

우리와의 약속을 저버리지 않고 기대

이상으로 굳게 지켜 사명과 임무를 다

하고 한국을 떠나던 날 방송 인터뷰에

서 떠나기가 못내 아쉬워 하는 그의 말

에 우리들은 그의 신의에 또 한 번 감

정자체 가로쓰기

격하고 감사해 하며 그를 보낼 수 밖에

없었다. "저는 지금 한국을 떠나지만,

영원히 떠나는 것은 아닙니다." "항상 한

국을 관심을 가지고 지켜보겠습니다."라

정자체 가로쓰기

던 그의 말이 아직도 저 하늘, 우리들의

가슴 속에 여운으로 남아 있고 그 날들

이 우리 모두에게 각인되어 영원한 영

예로움으로 자부심으로 남을 것입니다.

4강의 신화는 우연만은 결코 아니다.

훌륭한 지도자 밑에서 우리 선수들의

뼈와 살을 깎는 고된 훈련과 땀이 있었

기에, 또 여기에 열화와 같은 붉은악마

정자체 가로쓰기

들의 응원과 4천 800만 우리 국민들의

성원과 간절한 염원의 결실이 아니었겠

는가 잊지 말자. 2002 한·일 월드컵이 시

사한 점은 노력을 하면 꿈은 반드시 이

정자체 가로쓰기

루어진다는 값진 교훈을 남긴 채 열광

적인 그 대단원의 막을 내렸다.

히딩크! 그는 고별 인터뷰에서 "아인트호벤

이 앞으로도 한국축구와 관계를 유지할 수

있도록 양해를 한 것으로 안다. 한국의 유망

신인들을 유럽에 진출시켜 국제적인 경험을 쌓

게 한 뒤 2004년 아테네올림픽과 2006년독

일월드컵에 투입하는 프로젝트를 준비중이다.

정자체 가로쓰기

대한축구협회가 요청한다면 그 시기에 즈음

해 겸백하여 한국과의 관계를 계속 유지할 것

이기 때문에 굿바이라 말하지 않겠다."는 의

미있는 말을 남긴 채 우리의 곁을 떠나갔다.

정 자 체 세 로 쓰 기

다. 영변의 약산 진달래꽃 아름따다 가실

가실 때에는 말없이 고이 보내 드리우리

진달래 (김 소월 님) 나 보기가 역겨워

정자체 세로쓰기

보기가 역겨워 가실 때에는 죽어도 아니

그 꽃을 사뿐이 즈려밟고 가시옵소서.

길에 뿌리우리다. 가시는 걸음걸음 놓인

정 자 체　　세 로 쓰 기

움이 없기를 잎새에 이는 바람에도 나는

죽는 날까지 하늘을 우러러 한 점 부끄러

눈물 흘리우리다. 서시 序詩(윤 동주님)

정자체 세로쓰기

한테 주어진 길을 걸어가야겠다. 오늘 밤에

든 죽어가는 것을 사랑해야지. 그리고 나

괴로워했다. 별을 노래하는 마음으로 모

정 자 체 　 세 로 쓰 기

국화옆에서 (서정주 님) 한송이 국화꽃

을 피우기 위해 봄부터 소쩍새는 그렇게

도 별이 바람에 스치운다.

정자체 세로쓰기

울었나보다. 한송이 국화꽃을 피우기 위해

천둥은 먹장구름 속에서 또 그렇게 울었나

보다. 그립고 아쉬움에 가슴 조이던 머언

정자체 세로쓰기

이 피려고 간밤에 무서리가 저리 내리고

어선 내 누님같은 꽃이여 노오란 네 꽃

젊음의 뒤안길에서 인제는 돌아와 거울 앞

정자체 세로쓰기

짐승이여 언제나 점잖은 편 말이 없구나.

사슴(노천명님) 모가지가 길어서 슬픈

내게는 또 잠도 오지 않았나보다.

정 자 체 　　세 로 쓰 기

잃었던 전설을 생각해 내고는 어찌할

나보다. 물 속의 제 그림자를 들여다보고

꽃이 향그러운 너는 무척 높은 족속이었

정자체 세로쓰기

초혼 (김소월님) 산산히 부서진 이름이

산을 바라보다.

수 없는 향수에 슬픈 모가지를 하고 먼데

정자체 세로쓰기

름이여, 심중에 남아 있는 말 한 마디는

인 없는 이름이여, 부르다가 내가 죽을 이

여, 허공 중에 헤어진 이름이여, 불러도 주

정 자 체 세 로 쓰 기

서산 마루에 걸리었다. 사슴의 무리도

사람이여, 사랑하던 그 사람이여, 붉은 해는

끝끝내 마저 하지 못하였구나. 사랑하던 그

정자체 **세로쓰기**

피운다. 떨어져 나가 앉은 산 위에서 나

눈 그대의 이름을 부르노라. 설움에 겹도

록 부르노라. 설움에 겹도록 부르노라. 부

정자체 세로쓰기

되어도 부르다가 내가 죽을 이름이여, (중략)

가 너무 넓구나. 선 채로 이 자리에 돌이

르는 소리는 비껴 가지만 하늘과 땅 사이

흘림체 자음쓰기 / Feel 한글 Work Book

중요짜임

ㄱ	ㄱ	ㄱ	ㄴ	ㄴ	ㄴ
둥근 기분으로	곧게 내림	둥근 듯	일단 멈춤, 우상으로 삐침	끝을 아래로 삐치듯	끝이 처지지 않게

가 가 고 고 국 국 나 나 노 노 눈 눈

흘림체 자음쓰기

Feel 한글 Work Book

중요짜임

ㄹ	ㄹ	ㄹ	ㄹ	ㄹ	ㄹ
약간 밖으로	부드럽게	끝이 처지지 않게	간격에 주의	짧게 삐침	부드럽게

다 다 도 도 달 달 라 라 로 로 랄 랄

흘림체 자음쓰기

Feel 한글 Work Book

중요짜임

ㅁ	ㅂ	ㅂ	ㅅ	ㅅ	ㅇ
짧게	부드럽게	세로획의 길이에 주의	방향에 주의	방향에 주의	한번에 돌림

| 미 | 미 | 맘 | 맘 | 범 | 범 | 설 | 설 | 수 | 수 | 앙 | 앙 |

흘림체 자음쓰기

Feel 한글 Work Book — 중요짜임

ㅈ	ㅈ	ㅈ	ㅊ	ㅊ	ㅊ
부드럽게 맺음	부드럽게 삐침	끝을 진행방향으로 삐침	방향과 각도에 주의	이어지는 기분으로	부드럽게 연결

지 지 제 제 조 조 차 차 치 치 호 호

흘림체 자음쓰기

Feel 한글 Work Book

중요짜임

| 둥근 기분으로 | 부드럽게 빼침 | 둥근 듯 빼침 | 위로 약간 휘게 빼침 | 부드럽게 | 끝이 처지지 않게 |

흘림체 자음쓰기

Feel 한글 Work Book

중요짜임

| 교 | 교 | ㅎ | 3 | 71 | ㄲ |

밑의 가로 획을 위로 길게 삐칫듯 / 가운데 세로획을 부드럽게 / 부드럽게 돌림 / 너무 길지 않고 가지 런하게 / 이어서 부드럽게 / 이어서 그리고 각 도에 주의

교 교 교 교 ㅎ ㅎ 3 3 71 71 ㄲ ㄲ

피 피 로 로 하 하 끼 끼 꼬 꼬 꾹 꾹

흘림체 자음쓰기

Feel 한글 Work Book

중요짜임

ㄸ	ㄸ	ㅃ	ㅆ	ㅆ	ㅆ
위로 약간 휘게	대칭인 듯	간격에 주의	앞의 ㅅ이 작은 듯	부드럽게 이어서	부드럽게 연결

따 따 또 또 삐 삐 씨 씨 쎄 쎄 싹 싹

흘림체 자음쓰기

Feel 한글 Work Book 중요짜임

| ᆪ | ᆶ | ᆰ | ᆱ | ᆶ | ᆹ |

(약간 높게)
힘 / 똑바로 / 부드럽게 / 부드럽게 / 힘

삯 앓 읽 옳 옳 없

흘림체 모음쓰기

Feel 한글 Work Book

중요짜임

ㄴ	ㅏ	ㄱ	ㅕ	ㅗ	ㅛ
힘 다음획과 연결 방향으로	다음획과 연결	가로획의 진행을 받아 곧게 내림	부드럽게 연결	①을 왼편으로 기울임	①②는 연결하듯

ㄴ ㄴ ㅏ ㅏ ㄱ ㄱ ㅕ ㅕ ㅗ ㅗ ㅛ ㅛ

이 이 아 아 어 어 여 여 오 오 요 요

84. 흘림체 모음쓰기

흘림체 모음쓰기

Feel 한글 Work Book

중요짜임

ㄱ	ㄱ	ㄴ	ㅂ	ㅣ	ㅖ

ㄱ	ㄱ	ㅂ	ㅂ	ㅣ	ㅖ
가로획을 위로 휘는 기분	각도에 주의	삐치듯 연결	가로중심에 주의	가로중심에 주의	①②가로획을 연결하듯

ㄱ ㄱ ㄱ ㄱ ㄴ ㄴ ㅂ ㅂ ㅣ ㅣ ㅖ ㅖ

우 우 위 위 애 애 얘 얘 에 에 예 예

흘림체 모음쓰기

Feel 한글 Work Book

중요짜임

| ㅚ | ㅙ | ㅔ | ㅣ | ㅢ | ㅣ |

끝을 진행 방향으로 삐침 / 간격에 주의 / 각도에 주의 / 진행 방향에 주의 / ①을 우상향으로 삐치듯 / 끝을 약간 굽은 듯

ㅚ ㅚ ㅙ ㅙ ㅔ ㅔ ㅣ ㅣ ㅢ ㅢ ㅣ ㅣ

외 외 왜 왜 웨 웨 위 위 의 의 이 이

흘림체 쓰기연습

Feel 한글 Work Book

중요짜임

가	갸	기	겨	고	괴	교	구	규	기
가	갸	기	겨	고	괴	교	구	규	기

강	갈	격	경	공	관	곳	국	궁	길
강	갈	격	경	공	관	곳	국	궁	길

흘림체 쓰기연습

Feel 한글 Work Book

중요짜임

냐	냐	니	녀	노	뇨	누	뉴	느	니
냐	냐	니	녀	노	뇨	누	뉴	느	니

날	냥	넌	년	농	뇔	눈	늤	능	닐
날	냥	넌	년	농	뇔	눈	늤	능	닐

Feel 한글 Work Book

흘림체 쓰기연습

다	댜	더	뎌	도	됴	두	듀	드	디
다	댜	더	뎌	도	됴	두	듀	드	디

당	달	덩	덜	동	돔	둥	둘	득	딜
당	달	덩	덜	동	돔	둥	둘	득	딜

흘림체 쓰기연습 — Feel 한글 Work Book

리	래	랴	러	려	례	로	료	르	루
리	래	랴	러	려	례	로	료	르	루

락	랫	량	렁	렀	랜	롬	롱	룰	룽
락	랫	량	렁	렀	랜	롬	롱	룰	룽

흘림체 쓰기연습

Feel 한글 Work Book

중요짜임

따	때	떠	떼	뗘	모	묘	목	무	미
따	때	떠	뗴	뗘	모	묘	목	묵	미

말	맴	맘	명	맬	면	못	뭉	뭉	민
말	맴	맘	명	맬	면	못	뭉	뭉	민

흘림체 쓰기연습

Feel 한글 Work Book

중요짜임

바	배	베	볘	벼	보	복	봋	브	비
바	배	베	볘	벼	보	복	봋	브	비

발	백	법	볠	별	봉	북	불	본	빌
발	백	법	볠	별	봉	북	불	본	빌

흘림체 쓰기연습

Feel 한글 Work Book

중요짜임

자	새	러	세	려	오	수	숙	스	시
자	새	러	세	려	오	수	숙	스	시

상	생	청	셋	넸	송	숟	술	승	실
상	생	청	셋	넸	송	숟	술	승	실

흘림체 쓰기연습

Feel 한글 Work Book

중요짜임

이	야	어	에	여	오	요	우	유	이
이	야	어	에	여	오	요	우	유	이

았	양	얼	엘	였	옹	욱	운	웅	잊
았	양	얼	엘	였	옹	욱	운	웅	잊

흘림체 쓰기연습

Feel 한글 Work Book

중요짜임

자	재	저	제	져	조	죠	주	쥬	즈
자	재	저	제	져	조	죠	주	쥬	즈

작	쟁	정	젤	졌	종	좋	중	죽	증
작	쟁	정	젤	졌	종	좋	중	죽	증

흘림체 쓰기연습

Feel 한글 Work Book

중요짜임

치	채	최	체	쳐	초	회	추	츠	치
치	채	최	체	쳐	초	회	추	츠	치

착	책	청	첼	쳤	총	최	충	층	친
착	책	청	첼	쳤	총	최	충	층	친

흘림체 쓰기연습

Feel 한글 Work Book

중요짜임

카	캐	키	케	켜	코	크	쿠	크	키
카	캐	키	케	켜	코	크	쿠	크	키

캉	캔	킹	켁	켰	콩	쿵	쿨	큰	킹
캉	캔	킹	켁	켰	콩	쿵	쿨	큰	킹

Feel 한글 Work Book

흘림체 쓰기연습

중요쩌임

타	태	티	테	토	툐	투	튜	트	티
타	태	티	테	토	툐	투	튜	트	티

탐	택	틸	텔	통	퉁	틍	툴	특	틴
탐	택	틸	텔	통	퉁	틍	툴	특	틴

흘림체 쓰기연습 — Feel 한글 Work Book

중요짜임

피	패	피	페	퍼	포	퍽	푹	프	피
피	패	피	페	퍼	포	퍽	푹	프	피

판	팽	픽	픽	평	퐁	풀	퐁	픈	필
판	팽	픽	픽	평	퐁	풀	퐁	픈	필

흘림체 쓰기연습

Feel 한글 Work Book

중요짜임

하	해	히	혀	호	효	흑	후	흐	히
하	해	히	혀	호	효	흑	후	흐	히

한	행	힘	현	홍	확	훌	훙	흥	힘
한	행	힘	현	홍	확	훌	훙	흥	힘

흘림체 가로쓰기

사계절이 뚜렷한 우리나라는 철따라

자연의 변화 또한 그러해서 봄이 되면

나뭇가지에는 새싹이 돋고 얼었던 대지

위에 파릇파릇 봄나물이 돋아 난다. 개

흘림체 가로쓰기

울기 노오란 개나리, 앞뒷산 붉은 진달

래 지천으로 핀다. 복숭아꽃 살구꽃 별

나비 떼 춤을 추고 아지랑이 아롱대는

푸른 보리밭 위로 종달새 높이 떠서 노

흘림체 가로쓰기

래를 부르고 있다.

두견새 슬피 울어 여름이 오고 구슬땀

흘리는 농부들의 일손은 더욱 바빠지기

시작한다. 숨이 턱턱 막히던 더위도 시

흘림체 가로쓰기

원히 쏟아지는 소낙비엔 기가 꺽이고

산천초목은 더욱 푸르러만 간다. 발가숭

이 아이들 물놀이 하는 시냇가에 키다

리 미류나무 위에선 매미들의 합창이

흘림체 가로쓰기

한창이다. 꾀꼬리 노랫소리에 해는 지물

그 초가지붕 위에는 하얀 박꽃이 웃는

다. 모기불 피워 놓고 명석에 누으면 새

파랗던 하늘이 칠흑으로 단장되어 어느

흘림체 가로쓰기

새 별들이 총총이고 있다. 이따금 하늘

에서 누군가가 유성 내치듯 뿌렸는가

짧은 순간 긴 꼬리로 찬란하게 불태우

다가 그 생명을 다하고, 오직새 울음속

흘림체 가로쓰기

이 여름은 더욱 깊어만 간다.

높고 푸른 가을 하늘, 시원한 가을바람

알알이 익은 벼, 들녘은 온통 황금물결로

출렁인다. 고슴도치 밤송이가 알밤을 토

흘림체 가로쓰기

할 때면 마당가 감나무에는 감이 빨갛

게 익어가고 울타리 밑 들국화 향기 드

높고 앞뒷산으로 병풍처럼 단풍이 곱다.

지룩지룩 기러기 줄지어 북녁으로 날아

흘림체 가로쓰기

가고 텅빈 들판에는 허수아비 팔 벌려

그 을씨년스럽게 서있다.

겨울이 오는 길목에서 서늘함이 싸늘

함이 되어 어느덧 초가지붕 위엔 고드

흘림체 가로쓰기

름이 주렁주렁, 썰매 타는 아이들 뺨이

빨갛다. 매서운 삭풍은 앙상한 나무를

괴롭히며 휘파람을 불듯 소리 지르면서

지나가고 눈덮인 산하는 여인의 속살같

흘림체 가로쓰기

은 능선으로 이어지고 한 폭의 동양화

같은 이 겨울 풍경, 한 곳에는 질개의

송죽이 푸르름을 자랑하듯 더욱 푸르다.

이즈음 시골 고향 집에서는 화로기로

흘림체 가로쓰기

옹기종기 모여 앉아 오순도순 옛이야기

로 웃음꽃을 피우며 정겹다.

(바른 삶) 만물의 영장인 우리 인간은

살면서 지켜야할 덕목이 있다. 나를 낳

흘림체 가로쓰기

나서 길러주신 부모님의 은혜에 효도로

써 보답하고, 나의 권리와 재산을 보호

해 주는 나라에 의무와 충성을 다할 것

이며 부부는 생의 동반자로 서로 아끼

흘림체 가로쓰기

고 사랑함이 그 으뜸이요, 젊은이는 어

른을 공경할 줄 알아야 하고 어른은 젊

은이에게 모범이 되어야할 것이며 친구

는 가려서 사귀되 신의를 존중해야한다.

흘림체   세로쓰기

님의 침묵 (한 용운 님) 님은 갔습니다. 아아

사랑하는 나의 님은 갔습니다. 푸른 산빛

을 깨치고 단풍나무 숲을 향하여 난 작은

흘림체 세로쓰기

길을 걸어서 치마 떨치고 갔습니다. · 황금

의 꽃같이 굳고 빛나던 옛 맹서는 차디찬

티끌이 되어서 한숨의 미풍에 날아갔습니

흘림체 세로쓰기

숨이다. 나는 향기로운 님의 말소리에 귀

의 지침을 돌려 놓고 뒷걸음쳐서 사라졌

다. 날카로운 첫키스의 추억은 나의 운명

흘림체 세로쓰기

날 것을 영려하고 경계하지 아니한 것은

사랑도 사람의 일이라 만날 때에 미리

먹고 꽃다운 님의 얼굴에 눈멀었습니다.

흘림체 세로쓰기

아니지만 이별은 뜻밖의 일이 되고 놀란

가슴은 새로운 슬픔에 터집니다. 그러나

이별은 쓸데없는 눈물의 원천을 만들고

흘림체 세로쓰기

옮겨서 새 희망의 정수박이에 들어부었습

아는 지 닭에 걸장을 수 없는 슬픔의 힘을

믿는 것은 스스로 사랑을 깨치는 것인 줄

흘림체 세로쓰기

믿습니다. 이 이 당은 갔지마는 나는 믿습을

눈 것과 같이 떠날 때에 다시 만날 것을

니다. 우리는 만날 때에 떠날 것을 염려하

흘림체 세로쓰기

청산은 나를 보고 (청산가시) 청

기는다. 기산랑의 노래는 님의 침묵을 휩싸고

보내지 아니하였습니다. 제 곡조를 못 이

흘림체 세로쓰기

산은 나를 보고 말없이 살다가고 창공은

나를 보고 티없이 살다하네. 탐욕도 벗어

놓고 성냄도 벗어놓고 물같이 바람같이

흘림체 세로쓰기

밖에는 갈잎의 노래 엄마야 누나야 강변살자

강변살자. 뜰에는 반짝이는 금모래빛 뒷문

살림이 가락하네. (오월시) 엄마야 누나야

사무관리 직무 분야 자격검정 안내

● 종목별 시험과목

종 목	등 급		시 험 과 목
전자상거래 관리사	1급	필 기	1. 전자상거래 기획 2. 전자상거래 운용 및 관리 3. 전자상거래 시스템 운영 및 관리 4. 전자상거래 관련법규
		면 접	
	2급	필 기	1. 전자상거래 기획 2. 전자상거래 운용 및 관리 3. 전자상거래 시스템 운영 및 관리 4. 전자상거래 관련법규
		실 기	전자상거래 구축
워 드 프로세서	1~2급	필 기	• 워드프로세싱 용어 및 기능 • PC운영체제 • PC기본상식
		실 기	• 문서편집기능
컴 퓨 터 활용능력	3급	필 기	• 워드프로세싱 용어 및 기능 • PC운영체제
		실 기	• 문서편집기능
	2~3급	필 기	• 컴퓨터일반 • 스프레드시트일반
		실 기	• 스프레드시트실무
비 서	2급	필 기	• 비서실무 • 생활영어 • 일반상식 • 경영학개론
		실 기	• 워드프로세서, 컴퓨터활용능력, 한글속기 중 1과목 택일
	3급	필 기	• 비서실무 • 생활영어 • 일반상식
		실 기	• 워드프로세서, 컴퓨터활용능력, 한글속기 중 1과목 택일
전산회계사	1급	필 기	• 회계원리 • 원가회계 • 세무회계
		실 기	• 회계프로그램의 운용
	2급	필 기	• 회계원리 • 원가회계
		실 기	• 회계프로그램의 운용
	3급	필 기	• 회계원리
		실 기	• 회계프로그램의 운용
한 글 속 기	1~3급		• 연설체 • 논설체
판매관리사	1급		• 마케팅과 유통산업(유통관련 법규 포함) • 경영관리 • 상품기획 • 판매관리 • 시장조사 및 상권분석

	2급		상반기 • 유통관리 일반 • 소매업 마케팅
			         • 유통성과분석 및 물적유통관리 • 외국어
			하반기 • 유통관리 일반 • 조직 및 인사관리
			         • 매입기술과 상품지식 • 판매기술과 판매사무

	3급		상반기 • 유통상식(외국어 포함) • 상품지식
			         • 판매기술과 판매사무
			하반기 • 유통상식(기초 외국어 포함) • 상품지식
			         • 판매기술과 판매사무

무 역 영 어	1~3급		• 영문해석 • 영작문 • 무역실무
	4급		• 영문해석 • 영작문

종목	등급	시 험 과 목
세무회계	1급	• 국세기본법, 소득세법, 부가가치세법, 지방세법 • 법인세법, 조세감면규제법, 상속세 및 증여세법
	2급	• 소득세법 • 법인세법, 조세감면규제법 • 국세기본법, 부가가치세법
	3급	• 소득세법 • 법인세법 • 부가가치세법, 조세감면규제법
	4급	• 소득세법 • 법인세법, 부가가치세법

● 수검자격 : 제한없음
● 검정수수료 : 원서접수처에 게시 공고함.

● 원서교부 및 접수
  1. 기간 : 해당 종목의 접수기간 (단, 공휴일은 제외)
  2. 시간 : 평일 09:00~18:00, 토요일 09:00~13:00
       <단, 동절기(11월~2월) 평일은 09:00~17:00>
  3. 장소 : 시행지역의 상공회의소
  ＊원서접수시 대한상공회의소가 교부한 소정의 수검원서에 동일 원판의 탈모 상반신
    반명함판 <3.5cm×4.5cm> 사진 2~3매 첨부

● 합격자 발표
  1. 게시 공고 : 수검원서 접수처(상공회의소)에 게시 공고함.
  2. 인터넷 공고 : 발표일로부터 2개월간 인터넷 홈페이지 에서 안내
           (http://www.korcham.net)
  3. 자동안내(ARS) : 발표일로부터 3일간 안내 (☎. 060-700-1907)

● 자격증 교부 : 국가기술자격법 시행령 제27조의 규정에 의거,
         합격자에게 국가기술자격증을 교부함.
  1. 장소 : 원서접수처
  2. 기간 : 발표일로부터 60일간
  3. 준비물 : 수검표, 신분증(주민등록증, 학생증 등), 도장

● 안내 및 문의 (검정사업단)
  1. 자동안내(ARS) : ☎ 316-3114 ☎ 2102-3600, 3700
  2. 인터넷 안내 : 인터넷 홈페이지(주소 : http://www.PASSON.co.kr)

● 서울지역 검정 사업단 안내 전화번호

서울검정사업단	전 화 번 호	자 기 지 역 안 내 번 호
서 울 본 부	☎ 2102-3700	
강 남 지 소	☎ 528-4881	
동 부 지 소	☎ 2248-0851	
서 부 지 소	☎ 2634-0193	
서울기타지역은 구별로 있음		

■ 지방 검정사업단의 연락처는 상기된 서울본부에 문의하거나 인터넷 홈페이지로 알아보시면 용이하고 그곳에서
  얻은 자기지역 정보를 오른편에 기재하여 두시면 편리합니다.

자기소개서 쓰기

　　　　자기 소개서

　　　　　　　　　　엄 배 숙

　저는 1976년 충북 청원에서 농사에 종사하시는 아버님과 항상 조용한 미소로 단란한 가정을 위해 가사를 돌보시는 어머니, 이 두 분 슬하의 1남 2녀 중 차녀로 태어났습니다.

　저의 부모님께서는 사람은 모름지기 분수와 절약을 알아야 한다고 "검소·근면·인내·성실·노력"이라는 가훈을 세우시고 평상시 솔선하여 몸소 실천하시는 무언의 가르침을 받고 자라서 저도 항상 노력하는 자세를 잃지 않고 있습니다. 그러한 둥지를 떠나 대학 진학을 서울에서 유학하게 되었는데 가끔 교우들과 휩쓸려 나태한 내 자신의 모습을 발견하게 될 때면 시골에서 고생하시는

자기소개서 쓰기

부모님이 흘리고 계실 땀방울을 생각하며 자신을 가다듬곤 했습니다. 대학시절 비록 우위의 성적은 갖지 못했지만 사회에 나가서는 진정 필요한 재원이 되기 위하여 성실한 자세로 여러 방면의 소양을 기르도록 노력하였습니다. 먼저 한글 속기 검정 2급을 비롯하여 워드프로세스 2급, 무역영어 검정 3급, 컴퓨터 활용 능력 검정 3급, 컴퓨터 그래픽 운용 능력 검정 기능사 자격증 획득, 정보처리 능력 검정 기사 자격증 획득으로 보다 자신의 부족한 부분을 보완하려고 애를 썼습니다.

　귀사에서 저를 채용하여 주신다면 항상 겸손한 품성을 잃지않고 고지식함보다는 능동적인, 부정적인 사고보다는 긍적인, 안주함보다는 참신함으로 창의적이고 미래지향적인 자세를 함양하여 맡은 바 직무와 사의 발전에 최선을 다하며 그 일익을 담당하겠습니다.

이력서 쓰기

이 력 서

성 명	엄 배 숙	주민등록번호 760117~205486
생년월일	서기 1976년 1월 17일생 (만 25세)	

주 소	충청북도 청원군 오창면 두릉리 130-28

호적관계	호주와의 관계	차 녀	호주성명	엄 동 환

년	월	일	학력 및 경력사항	발령청
1995	2	17	청원 여자 고등학교 졸업	
95	3	5	서울 최선 대학교 입학	
97	3	15	한글 속기 검정 2급 합격	대한상공회의소
97	9	10	워드프로세스 검정 2급 합격	〃
97	10	5	무역 영어 검정 3급 합격	〃
98	3	17	컴퓨터 활용능력 검정 3급 합격	한국산업인력공단
98	5	14	컴퓨터 그래픽 운용능력 검정 기능사 합격	〃
98	10	20	정보처리 능력 검정 기사 자격증 획득	〃
99	3	2	상기교 경영학과 졸업	
99	3	15	주식회사 해피 기획조정실 재직 중	
상벌			한글 속기 경진 대회 동상 입상	

상기 사실 여히 상위 없음.
2002년 10월 10일
엄 배 숙 (인)